PEINADOS
Y
CUIDADO DEL CABELLO

LINDA SONNTAG

susaeta

A QUANTUM BOOK

Diseño: Bobby Colgate-Stone
Archivo fotográfico: Vivian Adelman

© 1995 Quintet Publishing Limited
© 1997 SUSAETA EDICIONES, S.A.
Campezo s/n - 28022 Madrid
Tel. 300 91 00 - Fax 300 91 10

Este libro ha sido producido por
Quantum Books Ltd.
6 Blundell Street
London N7 9BH

Impreso en China por Leefung-Asco Printers Ltd.

Contenido

El pelo

El pelo es una valiosa fibra natural que hay que cuidar como si de seda o lana se tratara para que conserve toda su belleza. Por suerte, el cabello es tan resistente como el aluminio y un simple pelo puede tirar de 200 g, peso que quebraría la mayoría de las fibras textiles. Un pelo sano llega a estirarse una quinta parte de su longitud antes de partirse. Si tu cabello está en malas condiciones por negligencia o porque ha sido sometido a un tratamiento fuerte, no desesperes, todavía tiene remedio. Con cuidados y atención recuperará su energía y brillo.

El vello crece en todo el cuerpo excepto en las palmas de las manos y las plantas de los pies. Del cuero cabelludo de un adulto nace una media de 100.000 pelos (la cantidad depende del color del cabello).

Los pelirrojos tienen el pelo más grueso pero en menor cantidad. Les siguen los castaños. Los rubios, que tienen el pelo más fino, suelen tener gran abundancia (alrededor de unos 150.000 pelos). El pelo negro es el más espeso. Su diámetro puede ser tres veces mayor que el de uno rubio.

Un pelo vive y crece de 2 a 6 años (en algunos casos incluso 20), aunque desde el punto de vista técnico el pelo es algo muerto y sólo la raíz vive. El pelo sale de la papila, un nódulo situado en la base del folículo, bajo la piel. La extracción de un pelo desde la raíz no evita que éste vuelva a crecer, porque la papila lo volverá a producir. La forma del folículo determina la forma del pelo. Un folículo redondo producirá un pelo liso que alcanzará gran longitud. De un folículo ovalado nacerá un pelo rizado que alcanzará una longitud media. Por último, un folículo con forma de riñón (que sobre todo se da en las personas de raza negra) producirá un pelo corto, lanoso y muy rizado.

El pelo está formado en un 97 por ciento por proteínas y en un 3 por ciento por hidratos, de ahí la importancia de las proteínas en la alimentación para conseguir un cabello sano. Cada pelo se divide en tres capas. La interior, la médula, es blanda y esponjosa. Puede deteriorarse con la edad y con los productos químicos. En algunos casos desaparece por completo y el pelo se vuelve fino y frágil. La médula está envuelta por el córtex, que se compone de células largas, finas y fibrosas que confieren al pelo elasticidad. El córtex contiene el pigmento que da al pelo su color natural.

Los pigmentos son: rojo, amarillo y negro, y el color del cabello es el resultado de la mezcla de estos pigmentos. Si no hay pigmentación el cabello resulta blanco. En realidad, el pelo gris no existe, sino que es una ilusión causada por las canas al mezclarse con los pelos de color. El córtex es la parte del pelo que responde a los productos químicos rizándose, alisándose o cambiando de color.

La capa exterior del pelo, la cutícula, está formada por duras láminas de queratina (una proteína) que se solapan. La cutícula protege el pelo. Cuando las láminas son suaves reflejan la luz y dan brillo al cabello. Éstas contienen además, la grasa que da lustre al pelo. Esta grasa, el sebo, que es el suavizante natural del cabello, es producida por la glándula sebácea, que se encuentra en el folículo. Por mucho sebo que se produzca, éste nunca llega a lubricar las puntas del cabello largo, por eso es necesario usar un suavizante para prevenir que las puntas se abran.

Los músculos que hay alrededor del folículo también lubrican el pelo. Precisamente estos músculos son los que hacen que los pelos «se pongan de punta» a causa del miedo o del frío.

El vello comienza a crecer incluso antes de que las personas nazcan pero la creencia de que sigue creciendo después de la muerte es un mito, si bien es cierto que es la última parte del cuerpo humano que se corrompe. Perdemos una media de 50 pelos al día y éstos son reemplazados, excepto en los casos de pelos excesivamente finos, por otros. El pelo crece más o menos 1 cm al mes. Es curioso que crece más rápido en verano que en invierno y durante el día que durante la noche. El pelo de las mujeres crece más deprisa que el de los hombres. El hecho de cortar el pelo no acelera su crecimiento. Sin embargo, si se afeita adquiere una apariencia áspera porque las puntas se afilan.

Unos bebés nacen con poco pelo y otros con mucho. Este pelo se cae durante las primeras semanas de vida. Seguidamente, empieza a crecer de nuevo y puede cambiar de tipo y color. A la edad de tres años, el pelo del niño tendrá las características que le serán propias durante el resto de su vida. La cabeza del bebé ha de ser lavada al igual que el resto del cuerpo a la hora del baño. Aunque hay que evitar hacer presión sobre ella, es necesario lavarla para prevenir la costra láctea, que es una descamación de la piel fruto de los largos períodos de tiempo que el bebé pasa en la cuna. Si ya ha aparecido, se puede tratar frotando la cabeza con un algodón empapado en aceite templado para que la costra se ablande, o bien con vaselina y, a continuacion, lavar de la forma habitual.

La dieta afecta al cabello de un niño tanto como al de los adultos. Anima a tu hijo a que coma fruta fresca y verdura, y que reduzca los dulces y las grasas.

El pelo graso y lacio en los adolescentes suele estar causado por los cambios hormonales y la vida agitada. Hay que estimularles para que sigan una dieta baja en grasas, azúcar e hidratos de carbono. Además, hay que hacerles ver la necesidad de lavarse la cabeza a menudo (incluso se la pueden lavar dos veces al día con un champú suave, dejando que se seque de manera natural y aplicando el suavizante exclusivamente en las puntas si el pelo es largo).

La caspa también surge durante la adolescencia. Si el lavado frecuente con un champú suave no consigue hacerla desaparecer, es recomendable probar con algún producto de venta en farmacias. La falta de higiene, la grasa y los restos de champú que quedan en el cuero cabelludo pueden ser los culpables de la caspa durante la adolescencia. El cabello ha de lavarse y aclararse con mucho cuidado. Si el problema persiste, consulte al especialista.

Las puntas abiertas han de ser cortadas. Éstas pueden ser consecuencia del uso abusivo del secador y del instrumental de peluquería caliente.

A partir de los 20 años, esperamos que nuestro pelo sano conserve su vigor tras someterlo a permanentes y tintes, o a largas exposiciones al sol y al cloro. Es entonces cuando se hace necesario utilizar un suavizante nutritivo para reparar el cabello dañado. Otra forma de regenerar el pelo maltratado consiste en untarlo con aceite templado y, a continuación, envolver la cabeza con un plástico y cubrirla con un pañuelo, permaneciendo así todo el tiempo posible (preferiblemente una noche). También es recomendable proteger el pelo con un sombrero y aclararlo nada más salir de la piscina o del mar. Para los amantes de la natación y del sol resulta óptima la utilización de un gel acondicionador resistente al agua, que ha de aplicarse antes antes de ir a la playa.

El embarazo afecta al cabello de diferentes maneras. El de algunas mujeres se vuelve más lustroso pero la mayoría lo pierde en grandes cantidades, en especial después de dar a luz. En muchos casos el cabello pierde su energía. Esto no se puede evitar, pero una dieta equilibrada ayudará a que recupere su lustre tras el parto.

A partir de los 30 años, el cabello se suele volver más seco y quebradizo como resultado de los años de tintes y permanentes pero sobre todo del estrés y las dietas carenciales. Por otro lado, es normal que el cabello se reseque, ya que las funciones corporales comienzan a decaer y la producción de sebo se reduce. Esta es la edad en que la mayoría de las personas descubren sus primeras canas. Al llegar a los 40, muchas mujeres deciden disimularlas con productos especiales. A esta edad es recomendable usar un champú nutritivo y prestar especial atención al suavizante (un acondicionador rico en ceras o aceite una vez por semana devolverá la vida al cabello). La *henna* devuelve al pelo deslustrado su brillo, pero, para no llevarse sopresas, es recomendable aplicar *henna* incolora sobre el pelo cano.

Durante la menopausia, el desequilibrio hormonal y el estrés emocional pueden provocar una significativa caída del cabello, al mismo tiempo que el vello facial se vuelve más áspero y oscuro. Muchas mujeres se someten a un tratamiento hormonal para que su cabello siga en buenas condiciones y no se caiga. Este tratamiento también beneficia a la piel, controlando la aparición de arrugas, además de ayudarla a conservar su firmeza. Por otro lado, los estrógenos reducen el riesgo de infarto.

Se someta o no a uno de estos tratamientos, consulte siempre a su médico. Si decide no hacerlo, tendrá que seguir una dieta sana, hacer ejercicio con regularidad para estimular la circulación, mantener el cuero cabelludo muy limpio y utilizar suavizantes nutritivos.

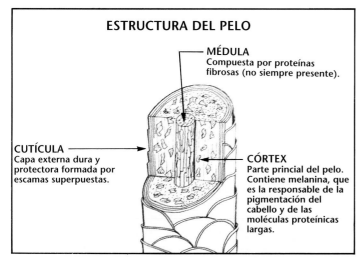

ESTRUCTURA DEL PELO

MÉDULA
Compuesta por proteínas fibrosas (no siempre presente).

CUTÍCULA
Capa externa dura y protectora formada por escamas superpuestas.

CÓRTEX
Parte princial del pelo. Contiene melanina, que es la responsable de la pigmentación del cabello y de las moléculas proteínicas largas.

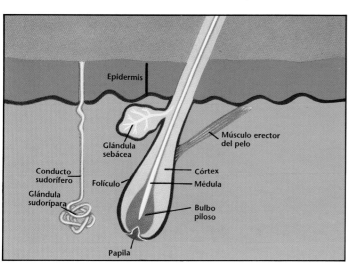

Epidermis

Glándula sebácea

Conducto sudorífero

Folículo

Glándula sudorípara

Músculo erector del pelo

Córtex

Médula

Bulbo piloso

Papila

Tu pelo

Un bonito peinado puede ser decisivo. No sólo dice mucho de tu personalidad, sino que equilibra tu cuerpo, enmarca tu cara y complementa tu ropa y tu forma de vida. Un corte de pelo profesional supone una inversión rentable porque te hará sentir bien a la vez que mejorará tu aspecto.

Cuando te decidas a cambiar de peinado, lo primero que has de hacer es comprobar la forma de tu cara. Hazlo mientras te enjabonas la cabeza. Coloca todo el pelo en la parte superior de la misma. Si llevas gafas póntelas y, a continuación, dispón el cabello de diferentes formas.

- Si tu cara es ovalada, enhorabuena, cualquier estilo te irá bien.
- Para las caras alargadas es recomendable el pelo corto con flequillo. Una melena larga y lisa sólo acentuará la longitud de la cara.
- De tener una cara redondeada, lo ideal sería darle una apariencia más alargada. Si no quieres dejarte el pelo largo, échatelo a un lado o dale volumen en la parte superior. Evita las coletas sencillas y el flequillo.
- Si tu cara es cuadrada y tienes las mandíbulas muy pronunciadas, puedes suavizarlas de varios modos: dirigiendo la atención hacia la frente mediante un flequillo diagonal, dejando caer algunos mechones sobre las orejas si llevas el pelo recogido en la parte superior o con una media melena suelta.
- Las caras triangulares son bastante agradecidas. Todo lo que hay que hacer es evitar los flequillos espesos, que sólo contribuirán a acentuar la forma triangular. Los flequillos finos, por el contrario, sí son recomendables.
- Si tu frente es demasiado ancha, prueba con un flequillo fino o con uno espeso que empiece muy atrás y tenga forma de V, teniendo presente que el pico de la V ha de coincidir con el centro de la frente.
- Para apartar la atención de la papada, lo mejor es hacerse un recogido en la parte superior trasera de la cabeza, ya que conferirá equilibrio. El pelo suelto también es buen remedio, pues la ocultará.
- Si tienes la nariz larga, lo mejor es que lleves el pelo corto y cardado o hueco, ya que si lo dejas tieso o caer liso, no va a dar el resultado que deseamos.

Una vez has decidido cuál es el estilo que mejor se ajusta a tu cara, tienes que comprobar tu tipo de pelo y ver cómo éste se adapta a aquél. Puedes tener el pelo espeso o fino, rizado o liso, y esto determinará en gran medida lo que puedes hacer con él.

Si tu pelo es espeso o rizado podrás jugar con su volumen natural. Si es fino y liso es recomendable que te lo dejes largo o que te hagas una permanente para conseguir mayor volumen (aunque lo más natural es que te lo dejes liso). Sin embargo, el éxito radica en el corte y éste puede evitar muchos problemas derivados de la naturaleza del cabello.

El peluquero

Un buen peluquero no es sólo un experto estilista. Es alguien que te escucha y conoce tu forma de vida (si viajas regularmente a países cálidos o húmedos, si tienes tiempo para permitirte un estilo complicado etc.), pero que sobre todo se fija en tu tipo de pelo y te aconseja teniendo en cuenta sus posibilidades y limitaciones. Un famoso peluquero, cuyas creaciones hayas contemplado en las revistas, no tiene por qué ser el más adecuado para ti. Puede ser que sus innovadores peinados de gran éxito no se adapten a tus características. Lo que tú necesitas es atención personalizada. Un buen peluquero siempre escucha tus ideas, estudia aquellas fotos en que aparecen los peinados que te gustan y te explica cómo te quedarían. Un peluquero comprometido tratará de disuadirte de cualquier cambio drástico que crea equivocado teniendo en cuenta las características de tu pelo, el precio y las posibilidades de rechazo.

Tómate el tiempo que necesites hasta encontrar al peluquero adecuado. Si una amiga te recomienda un peluquero, visítale y deja que sencillamente te lave la cabeza, te seque y te peine. No te decidas por un cambio radical en la primera visita, espera hasta que conozcas bien al peluquero y sepas que te gusta cómo trabaja. La visita a la peluquería ha de ser siempre un placer y no debe llegar a convertirse en una rutina. Decídete por una peluquería cuya atmósfera te guste. Donde el personal, la decoración y la música sean agradables. Donde estés relajada y puedas tener una buena relación con el peluquero aunque la conversación sea mínima. Sólo de esta forma saldrás de ella de buen humor.

Trata de ser puntual (para que el estilista no se vengue con tu pelo) y si en alguna ocasión no puedes serlo, trata de encontrar una excusa.

Elige una peluquería donde los cepillos, las toallas y demás objetos estén impecables. No hay nada más desagradable que un cepillo sucio.

Si tras la primera visita quedas satisfecha, vuelve para que te laven y te apliquen un suavizante nutritivo una vez al mes. Así irás tomando confianza con el peluquero y éste terminará por conocer tu cabello. Tras el período de adaptación podrás decidirte a cambiar de estilo con confianza, sin temer los resultados.

Carrera como peluquero

Desde que Vidal Sasoon apareciera en escena en los años 60, la peluquería no sólo se ha transformado en un negocio floreciente, sino que se ha convertido en un terreno donde los profesionales y sus salones pueden llegar a hacerse famosos con su estilo y técnicas personales. Un estilista de prestigio puede hacer carrera trabajando en un transatlántico de lujo o viajando por el mundo haciendo sesiones fotográficas para las revistas. Si quieres abrir tu propio salón y tienes aptitudes para controlar un almacén, llevar finanzas y dirigir campañas de publicidad y promoción, además de creatividad para peinar, las posibilidades de abrirte camino son muchas.

Como en cualquier otra profesión, sin experiencia no se puede lograr el éxito, además en el campo de la peluquería el camino es especialmente largo. Tienes que resignarte a estar siempre disponible para barrer el suelo, servir café a los clientes, lavar cabezas y sostener los papeles para las permanentes y las tijeras del estilista. Ésta es la manera de aprender el oficio, pero existe un atajo: los cursos de peluquería para principiantes. Suelen durar unos seis meses y son caros, aunque algunos incluyen en sus tasas un equipo de peluquería para cada alumno.

La ventaja es que se aprende rápido y a fondo todos los aspectos de la peluquería, y aunque no consigas un estupendo puesto nada más acabar el curso, tendrás un diploma que reducirá en tiempo el trabajo de aprendiz. Otro punto que hay que tener en cuenta es que las peluquerías suelen aceptar como aprendices sólo a gente joven, mientras que las escuelas aceptan alumnos de cualquier edad. En conclusión, si estas pensando en cambiar de profesión, un curso de peluquería de seis meses es la mejor solución.

En la mayoría de las esuelas los grupos son reducidos y el profesor siempre está pendiente del alumno. Muchas veces la clase tiene lugar en aulas que son prácticamente auténticos salones de peluquería, donde se corta, se hacen permanentes, se aplican mascarillas, se tiñe y se seca teniendo personas por modelos. En estos cursos también hay clases teóricas sobre cuidados del cabello, estilismo, higiene y etiqueta en el salón, y maquillaje y manicura.

Es un trabajo duro pero creativo. Económicamente puede ser rentable, pero nada produce mayor satisfacción que un cliente satisfecho.

Cuidados en casa

Lavado

Aunque un cabello sea muy bonito, hay que cuidarlo, y el primer paso consiste en lavarlo con regularidad. El tiempo entre lavado y lavado depende de ti, pero ten en cuenta que has de lucir una cabellera completamente limpia. Lo que necesitas es un champú suave con PH-neutró acorde con tu tipo de cabello, porque no alterará el equilibrio ácido/alcalino del cabello. No utilices detergentes, ya que son muy agresivos. Basta con que te enjabones sólo una vez. Empápate la cabeza con agua caliente. A continuación, viérte un poco de champú en la palma de la mano y frota bien el pelo y el cuero cabelludo. Después aclara el champú hasta que no quede nada. En caso de emergencia, puedes utilizar un champú en seco (frota con él el pelo y el cuero cabelludo, espera un par de minutos y cepíllate bien hasta que desaparezca) o también puedes pasarte un algodón con agua de colonia por el pelo y el cuero cabelludo. Ambos métodos acabarán con la grasa, pero, claro está, nunca podrán sustituir a un buen lavado. Si en algún momento te quedas sin champú, prueba a sustituirlo por tres yemas de huevo batido.

El suavizante

Existen tres tipos de suavizantes. El más suave hidrata y da lustre. El medio evita la electricidad estática y hace el pelo menos rebelde. Los suavizantes para tratamientos en profundidad, o mascarillas, nutren y devuelven la vida a los cabellos apagados y estropeados. Hay que dejar que las mascarillas de cera o aceite ac-

Un pelo sano es la mejor garantía de belleza.

túen el mayor tiempo posible (lo ideal es una noche) cubiertas por un plástico o una toalla. Se pueden aplicar una vez a la semana o al mes según venga al caso.

Los suavizantes y las cremas se aplican de la misma manera que el champú. Frota el cuero cabelludo y pasa los dedos a lo largo del cabello de manera que el suavizante cubra desde las raíces hasta las puntas. Mantén el suavizante en la cabeza durante un minuto o dos (mientras te frotas el cuerpo, por ejemplo) y aclaralo bien con agua caliente. Un último aclarado con agua fría dará gran brillo al cabello.

El cabello oscuro se puede aclarar con hierbas. Hierve romero en agua y déjalo en reposo una noche. Cuela el líquido y mézclalo con vinagre de sidra. Añade dos partes de agua caliente. Si tu pelo es claro o rubio utiliza manzanilla en lugar de romero.

Lávate el pelo a fondo pero con suavidad. Frótate con cuidado dando masajes con las puntas de los dedos al cuero cabelludo. Aclara el champú con agua templada antes de aplicar el suavizante. Si tienes el pelo largo tendrás que prestar especial atención a las puntas. Tras un nuevo aclarado envuélvelo en una toalla.

Secado

Sea cual sea el método que utilices para secarte el pelo, no olvides que antes de nada has de cepillarlo bien. Empieza por las puntas para ir desenredándolo y, a continuación, ve pasando el peine por todo el cabello. Si empiezas por el cuero cabelludo todo lo que conseguirás será hacer nuevos enredones por todo el pelo. Tómate tiempo y no tires (el poco cuidado es perjudicial para tu cabello). Utiliza un peine de púas gruesas para peinar el pelo húmedo (desenreda mejor que uno de púas finas). No cojas el cepillo, en el caso de que lo uses normalmente, hasta que el pelo esté seco, pues de lo contrario causará electricidad estática. Además enmarañaría el pelo húmedo y lo estiraría hasta el punto de llegar a quebrarlo.

Lo mejor es dejar que el pelo se seque de forma natural. Para dar cuerpo y manejar mejor el pelo fino, utiliza espuma o gomina. Pon un poco de la una o la otra en la palma de la mano.

Cualquier peinado queda realzado y dura más si se utiliza algún fijador como por ejemplo la espuma o la gomina.

Junta las palmas y reparte el producto por todo el pelo. Péinate bien a tu gusto o hacia atrás para darle más volumen. Otra forma de dar cuerpo al cabello consiste en ahuecarlo con los dedos a medida que se va secando. Si careces de tiempo para dejar que se seque de forma natural, sécalo bien con una toalla. Entoces puedes empezar a peinarlo o a secarlo con un secador.

Para peinarte, primero tienes que hacerte la raya. Con unos los rulos pequeños, el pelo rizado se rizará más. Si el pelo es fino también son recomendables los rulos pequeños. Sostén un mechón haciendo un ángulo recto con respecto a la cabeza y enróllalo alrededor del rulo. Sujétalo con una pinza. Utiliza cinta adhesiva o clips para los ricitos de alrededor de la cara.

La larga melena de la modelo, al ser fina se resentiría con los rulos calientes y las permanentes hasta el punto de quebrarse. Lo ideal para rizarla son los bigudís de goma. El pelo se enrolla alrededor de los bigudís cuando aún esta un poco húmedo. Se deja secar de forma natural. Es muy sencillo utilizarlos. La goma se puede doblar y son de colores, con lo que resultan más estéticos que los rulos. Son resistentes al calor, así que te puedes ir secando el pelo con el secador mientras los tienes en la cabeza. Cuando el pelo esté seco, desenróllalo con los dedos.

También te puedes rizar el pelo con los tradicionales rulos o con las tenacillas. Si usas rulos intenta no tirar demasiado de las raíces.

Si no te gustan los rulos utiliza los modernos bigudís de goma. Son barritas flexibles de goma alrededor de las cuales puedes enrollar el pelo. Una vez enrollado, doblas bien el bigudí para que el pelo se quede fijo. Son de colores y mucho más estéticos que los rulos, así que no te resultará embarazoso llevarlos si recibes una visita inesperada.

Has de esperar a que el pelo esté completamente seco antes de quitarte los rulos. Si estás en un secador intenta que el pelo se termine de secar de forma natural. El exceso de calor puede dañar el cabello.

Peina cada mechón de pelo según vas desprendiéndolo del rulo, empezando por la nuca hasta llegar a la frente. Si te queda demasiado marcado tendrás que cepillarte suavemente (y con mucho cuidado para que no desaparezcan los rizos) hacia atrás para bajar un poco el moldeado artificial. Un poco de laca suave aplicada directamente o a través del cepillo a la vez que moldeas el pelo, si

éste es suave y liso, hará posible que el moldeado dure más tiempo.

En la actualidad se prefieren los cortes geniales y el secador de mano. Cuando el peluquero te seca con uno de estos secadores parece muy fácil, pero sólo cuando empieces a hacerlo tú misma en casa te darás cuenta de que se necesita un poco de práctica. Utiliza un cepillo de plástico de púas gruesas y muy separadas sosteniéndolo con la mano derecha si eres diestra. Trabaja el pelo desde la nuca. Con un prendedor sujeta en lo alto de la cabeza el pelo que te moleste. Ve dividiendo el pelo en mechones y secándolo con el secador mientras lo cepillas. Empieza a secar por las raíces y termina por las puntas. No acerques el secador demasiado al pelo y muévelo continuamente en la dirección en que crece. Sigue por el pelo de los lados para terminar con el de la coronilla.

Cabello problemático

Cabello graso

El pelo y la piel grasa son producto de unas glándulas sebáceas hiperactivas. El exceso de grasa se suele dar en el pelo fino, lo cual hace que el cabello sea más lacio y sin vida de lo que ya de por sí es. Si tu pelo es graso tendrás que vigilar las comidas y eliminar las grasas. Deberás comer mucha fruta fresca y ensaladas, y beber abundante agua mineral. Te aliviará saber que el lavado frecuente no hace que el pelo se vuelva más graso. Si pasaste una adolescencia penosa porque te decían que debías lavarte la cabeza cada tres días incluso cuando ésta estaba excesivamente grasienta, has de saber que estaban equivocados. Tu pelo tendrá buen aspecto sólo si está limpio, así que lávalo tanto como quieras (incluso dos veces al día si hace calor, bochorno o mucho viento).

Utiliza un champú suave y aplica el suavizante sólo en las puntas si tu pelo es largo. Lo mejor es aclarar el pelo graso con un astringente. Prueba a hacer un preparado de hierbas o simplemente disuelve un poco de vinagre de sidra en agua tibia y viértelo sobre tu cabeza. El ácido alisará las escamas de queratina del pelo y le conferirá brillo a la vez que contrarrestará la grasa.

Otros preparados muy prácticos contra la grasa, especialmente si el pelo es fino y lacio, son la gomina y la espuma. Incluso si dejas que el pelo se seque de forma natural después de haberlas aplicado, verás como éste adquiere más volumen y consistencia.

Cabello seco

Unas glándulas sebáceas hipoactivas, una excesiva exposición al viento, la sal, el cloro o el calor dan como resultado un pelo seco. El calor es el mayor enemigo del pelo, ya provenga del sol, de la abusiva utilización del secador, de la aplicación de instrumentos de estilismo calientes o de la calefacción central. También las permanentes demasiado frecuentes y los decolorantes hacen el pelo frágil y poco manejable. Si tú tienes un pelo quebradizo y aparentemente no se debe a ninguna de estas razones, consulta con el médico, tal vez se deba a algún tipo de medicina que te haya recetado.

El lavado del cabello no supone una pérdida de la grasa natural, como se suele pensar. Sea cual sea tu tipo de pelo, lo principal es que esté limpio. Si usas los productos adecuados y te frotas con suavidad el cuero cabelludo podrás devolver el brillo incluso al pelo más seco. Utiliza un champú nutritivo, acláralo con agua tibia y extiende la crema suavizante peinándote desde las raíces hasta las puntas. Somete el cabello a un tratamiento de aceite templado o de cera una vez por semana. Frota bien el cuero cabelludo, péinate bien y cubre la cabeza con una toalla o con un pañuelo. Deja que el tratamiento actúe como mínimo una hora aunque lo ideal sería toda una noche. Aclara el aceite enjabonándote dos veces y aplicando, a continuación, conforme haces normalmente, la crema suavizante. Este tratamiento es especialmente bueno para el pelo teñido o dañado por el exceso de calor.

Caspa

El mejor tratamiento contra la caspa es el lavado frecuente con un champú suave. Para los casos graves es necesario el uso de un champú especial recetado por el médico. Lo más importante es mantener el cuero cabelludo impecable. Comprueba que tu dieta es sana e incluye carne blanca, pescado, huevos, fruta fresca y verduras crudas. Bebe abundante agua mineral. Haz ejer-

Si tienes el pelo seco, aplícale suavizante después de cada lavado **y un tratamiento nutritivo en profundidad una vez al mes.**

Hay que tratar el pelo largo con el mayor cuidado posible (evita los productos químicos y el exceso de calor). Presta especial atención a las puntas. Aplícales crema suavizante y córtalas regularmente.

cicio para rebajar la tensión. Si la caspa persiste, visita al médico.

Caída excesiva

Cada día perdemos unos 50 pelos. Si pierdes muchos más, lo primero que debes hacer es comprobar tu dieta. Nunca tendrás un cabello lustroso si tu alimentación es pobre. Intenta tomar aire fresco, hacer ejercicio y dormir mucho. Utiliza el peine en lugar del cepillo. Es normal perder más cabello en primavera y otoño. Córtate el pelo, así parecerá que tienes más. Además, el peso del cabello largo hace que éste se caiga con más facilidad. Visita al médico si el problema te produce angustia.

Pelo quebradizo

Si tu cabello está en tan malas condiciones que se abre y se parte, las causas pueden ser un exceso de permantes o tintes, el uso de instrumentos de peluquería calientes o las abusivas exposiciones al sol. Como las puntas abiertas no se pueden arreglar, lo primero que debes hacer es cortarte el pelo periódicamente hasta que desaparezca toda la parte dañada. Mientras tanto cuida tu pelo y dale tratamientos nutritivos una vez por semana para que recupere su lustre. Si deseas moldearlo o teñirlo tú misma, sigue atentamente las instrucciones del fabricante. Si, una vez que el pelo está en mejores condiciones, decides ir a la peluquería a que te lo tiñan o moldeen, lo primero que debes hacer es decirle al peluquero que compruebe si es posible y si te conviene.

Pelo largo

El pelo largo ha de ser tratado con mucho cuidado. Si quieres moldearlo o teñirlo, pide consejo a tu peluquero y no hagas nada drástico en casa.

Si quieres tener una melena larga en estado óptimo, has de saber que tu enemigo número uno es el calor. Las puntas de tu cabello tienen unos cuatro años, y cuatro años de tratamientos con secador y otros instrumentos eléctricos tienen que dejar huella. Deberías cortarte las puntas cada poco tiempo y dejar que el pelo se seque de forma natural. Si quieres darle volumen o rizarlo sin perjuicios, utiliza los bigudís de goma. Si te los pones con el pelo algo húmedo, dan volumen, y con el secador, se te rizará algo más. Los resultados son magníficos si los utilizas junto con un poco de espuma. Separa el pelo de los bigudís con los dedos. Empieza por la nuca, sigue por los lados y acaba por la coronilla. Cepíllalo bien si quieres que quede con más volumen.

El estilo afro da mucho trabajo pero es muy espectacular. Consiste en hacer trenzas finas por toda la cabeza con el pelo húmedo. Se dejan una noche y, a la mañana siguiente, se deshacen. Para que duren el mayor tiempo posible es recomendable no utilizar ni el peine ni el cepillo.

Si dispones de mucho tiempo, puedes perfeccionarte en la elaboración de trenzas, recogidos y moños, que te ayudarán a cambiar de imagen sin gastarte un duro. Empieza con una sencilla cola de caballo teniendo la precaución de utilizar una goma forrada para atarla y de que la retiras con cuidado. Mediante este sencillo peinado comprobarás cómo te quedan los recogidos. Cómprate diferentes peines y bonitos lazos.

Si te decides por algún estilo sofisticado para una ocasión especial, ¡prueba primero! No lo dejes para el último minuto: tal vez descubras que no te pega en absoluto o no te puedas acostumbrar a tu nueva imagen, ¡incluso puede llegar a suceder que tus amigos no te reconozcan!

Si la ocasión especial es tu boda, entonces es absolutamente necesario que experimentes con tiempo. Tendrás que explicarle a tu peluquero cómo son el vestido y el tocado, si es que lo llevas. Puedes llevar éste último a la peluquería para que el peluquero te enseñe a sujetarlo, ya que me imagino que lo último que querrás es que el día de tu boda se te aplaste el peinado bajo el peso de metros y metros de encaje o que el velo salga volando en el momento en que se levante un poco de viento.

Pelo afro

El número de productos para tratar el pelo de las personas de raza negra y el número de peluqueros que se han especializado en el estilo afro han aumentado de forma importante en los últimos años. Como ocurre con cualquier otro tipo de pelo, una dieta equilibrada es fundamental para mantener el pelo sano. Sin embargo, este tipo de pelo necesita cuidados especiales debido a su textura, a que es muy frágil y seco, y a que es muy susceptible a las condiciones atmosféricas.

Hasta hace poco, el remedio contra la fragilidad y el escaso brillo de este pelo eran las mascarillas de aceite aplicadas tras el lavado, que por otra parte debía ser poco frecuente. Se suponía que el aceite alisaba y daba lustre. El aceite había de ser retirado con un champú fuerte, ya que podía llegar a obstruir los folículos. El champú abría el pelo, de manera que terminaba por neutralizar la acción del aceite e irritaba extremadamente el cuero cabelludo. Esto tenía como resultados la caída del cabello y la aparición de la caspa. Los preparados actuales son mucho más suaves y dejan el pelo limpio y sano.

Este pelo ha de ser lavado tan a menudo como sea necesario con un champú suave. Tras el lavado hay que aplicar la crema suavizante y, una vez al mes o cada quince días, un tratamiento intensivo para suavizarlo en profundidad. Para los cueros cabelludos irritados existen suavizantes especiales. Hidrata tu pelo todos los días y no utilices uno de esos aerosoles que se venden en las droguerías. Este pelo es especialmente sensible al tiempo. Se deshidrata rápidamente cuando éste es seco y cálido, y absorbe toda la humedad cuando es lluvioso, llegando a perderse el peinado. La solución puede ser una laca que lo proteja de los cambios.

Córtate el pelo regularmente (el pelo afro es rebelde y ha de ser domesticado y mimado constantemente). A muchas mujeres no les gustan las limi-

La melena se ha teñido de castaño y se ha peinado con espuma para que los rizos pierdan fuerza. Después se ha cepillado hacia arriba y atrás, sujetándose con una fila de lacitos.

Peinado fantasía realizado con postizos. Una buena forma de cambiar de imagen sin dejar que el pelo crezca.

14

Cabello problemático

Este pelo rizado se ha teñido de rubio platino por arriba y sólo se ha aclarado un poco por abajo. El volumen de la parte superior contrasta con los laterales cortados al uno. Así se consigue una silueta triangular que disimula la redondez de la cara.

El pelo rizado se ha alisado y cortado para conseguir un rizo más grueso. Las mechas siguen la dirección hacia arriba de la parte anterior del pelo. La parte posterior ha sido cortada.

taciones de un pelo tan rizado y se lo llenan de trenzas obteniendo espectaculares resultados. Este peinado puede llegar a caracterizarte (puedes estar muy elegante formando con él una espiral o decorar el flequillo con estas trenzas).

Otra forma de domesticar este pelo es alisándolo. Si tienes miedo de los productos químicos para alisar el cabello, utiliza un peine caliente o tenacillas de rizar. Hidrata bien el pelo antes de aplicar cualquier instrumento caliente. Después de lavarlo, divídelo en cinco partes (parte de arriba, laterales, coronilla y nuca). Sujeta cada una de ellas con una pinza para que no te molesten. Empezando por la nuca, ve aplicando el suavizante. Peina cada mechón de arriba abajo. Reparte el suavizante por el cuero cabelludo con las yemas de los dedos y péinate bien prestando especial atención a las puntas. Gradualmente ve peinando los laterales y la parte anterior para terminar con la coronilla. Lleva mucho tiempo pero, vistos los resultados, (el pelo queda brillante y bien protegido) vale la pena.

Una vez que todo el pelo ha sido hidratado, ya puedes ir alisándolo con las tenacillas o el peine caliente. Utiliza siempre instrumentos con termostato. Cuando hayas trabajado todas las partes y todo el pelo esté liso, dale volumen con unos rulos grandes o con las tenacillas. Si quieres información sobre los productos químicos para alisar o sobre las permanentes que aligeran el rizo afro, consulta el capítulo que trata las permanentes y los métodos para alisar. Si lo que quieres es teñirlo, deberías consultar a un peluquero profesional. Resulta difícil teñir en casa un pelo tan rizado y los productos químicos pueden perjudicar un pelo tan frágil o el cuero cabelludo. Una permanente floja combinada con un tinte castaño o marrón oscuro darán brillo y profundidad a tu color natural. Con las mechas, además de conseguir brillo, tendrás una imagen resplandeciente, óptima para mejorar el estado de ánimo.

Tintes

Hay tres tipos de tintes: temporales, semipermanentes y permanentes.

Tintes temporales

El tinte más suave que puedes encontrar es el tinte al agua. Da color a la capa externa del pelo, la cutícula, y se elimina con un simple lavado. También desaparece con la lluvia. Estos tintes son prácticos para disimular algunas canas o para suavizar un rubio demasiado llamativo. Normalmente no es necesario hacerse pruebas para ver si se es alérgico a este tipo de tintes. Es fácil aplicarlos en casa, y se puede repetir después de cada lavado. De todas las lociones para teñir («los champús con tinte todo en uno», los pulverizadores con color, las gominas y las espumas) se pueden esperar los mismos efectos.

Tintes semipermanentes

Estos tintes no contienten agentes para decolorar, así que no se pueden utilizar para aclarar el pelo. Sólo sirven para cambiar su tono. El color atraviesa la cutícula y permanece de forma temporal, pero tras media docena de lavados termina por desaparecer. Este tipo de tinte resulta estupendo para disimular las canas y dar vida al pelo pardusco o rubio mate. También enriquece el pelo castaño con reflejos rojizos. Si te quieres teñir el pelo en casa, tendrás que hacerte una prueba de sensibilidad de la piel 24 horas antes. Como suele explicar el fabricante, estos tintes confieren brillo además de color, porque la mayoría contienen un suavizante muy efectivo.

Tintes permanentes

Lo mejor para cambiar de imagen drásticamente es que te tiñas el pelo con un tinte permanente. Intenta controlarte para que el resultado parezca natural y utiliza un tinte que

sólo sea dos o tres grados más claro que tu color. Para comprobar si te gusta el tono, tiñe primero sólo unos 50 pelos de toda la superficie de la cabeza. Sigue las instrucciones del fabricante y estudia los resultados a la luz del sol. Si te convence, llévate el pelo teñido a la cara para ver si va bien con tu constitución. Los tintes permanentes contienen agua oxigenada, por eso es absolutamente necesario que te hagas una prueba de sensibilidad 24 horas antes de utilizarlos. Aunque los peluqueros la suelen hacer detrás de la oreja, si te tiñes tú misma es mejor que te la hagas en el antebrazo, donde podrás ver perfectamente si la piel se enrojece. No laves este trozo de piel hasta pasadas 24 horas. Si la piel se irrita, no utilices el producto.

Los tintes permanentes llevan sustancias químicas que levantan las escamas de queratina superpuestas y entran en el pelo. El tinte decolora el pelo y vuelve el córtex poroso. Entonces el córtex absorbe el color nuevo. El tiempo es fundamental y sólo un profesional podrá juzgar cuánto tiempo tienes que dejar que el tinte actúe en tu pelo (al pelo fino le lleva menos tiempo absorber el color que al grueso). Si no se aplica correctamente, el tinte permanente puede dar lugar a

El tinte y un peinado lleno de imaginación han dado un resultado tan original como éste. Se ha aplicado dos colores al cabello (rojo y blanco) para conseguir el moteado.

Aquí tenemos un ejemplo de mezcla de colores en las zonas de la coronilla y frente. No existe un método fijo, sencillamente hay que teñir todo el pelo que se quiera. Las zonas de la nuca y laterales no se han teñido para conseguir un efecto tridimensional.

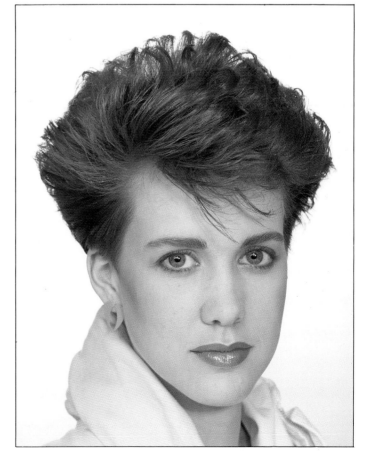

Se escogen tres colores y cada uno se aplica a un mechón. Se necesita papel de plata.

El orden de aplicación de los colores varía según se va ascendiendo de capa.

Los mechones se envuelven en papel de plata. El resultado final es espectacular.

colores sorprendentes no esperados. En muchos casos las consecuencias son fatales, no sólo porque el color obtenido sea horrible, sino porque el tinte puede haber dañado seriamente el cabello. Si decides teñirte en casa, sigue con exactitud las instrucciones del fabricante. El uso erróneo de este tipo de tintes puede hacer que el pelo se parta o abra. Tu peluquero te aconsejará que utilices un método suave hasta que tu color natural haya vuelto a salir.

Mechas, reflejos y *tipping*

Se trata de métodos especiales de dar color al cabello de forma permanente. Requieren manos expertas a la hora de aplicarlos, aunque ahora se pueden dar en casa. La mechas resultan bastante caras, pero tienen muchos adeptos porque enfatizan los matices de color del pelo, subrayando su belleza natural. La cabeza se cubre con un gorro de plástico con agujeros. A continuación se van sacando, a través de los agujeros, mechones de pelo, que son tratados con un decolorante y envueltos en papel de plata. El decolorante se retira cuando se ha conseguido el color deseado. Después se lava la cabeza y se aplica el suavizante. A veces es necesario añadir un tinte permanente para que los tonos queden mezclados de forma más sutil. Es recomendable renovar las mechas cada tres o cuatro meses.

Otro método consiste en ir aplicando el decolorante a lo largo de finos mechones de pelo. Si lo haces en casa puedes terminar pareciendo una cebra.

El *tipping* consiste en teñir exclusivamente las puntas del pelo. A menudo se utilizan dos o tres tonos en todos estos procesos.

Tintes vegetales

Al contrario que los tintes químicos, éstos no alteran la estructura del cabello. No son tóxicos, así que no es necesario hacerse una prueba de sensibilidad. Se adhieren a la cutícula y la dejan suave, brillante y llena de cuerpo, con lo cual son muy recomendables para el pelo fino y lacio.

El tinte vegetal más conocido es la *henna*, que ha sido utilizada durante milenios para conferir al pelo ricos tonos rojizos. Hoy se pueden conseguir distintos tonos de *henna*, que no pueden utilizarse con el pelo teñido o permanentado. Haz siempre una prueba con un mechón antes de aplicarla. Las instrucciones que vienen en los paquetes de *henna* genuina suelen estar equivocadas en lo que al tiempo que hay que dejarla actuar se refiere. Las mujeres orientales suelen mantenerla en la cabeza unas 48 horas y de vez en cuando aplican aceite para que el pelo no se seque.

La *henna* se hace con las hojas secas de *Lawsonia alba*. Hay que mezclarla con agua caliente y un chorro de limón o vinagre y, para obtener los mejores resultados, se va aplicando al cabello por mechones. Si lo haces en casa lo más probable es que formes un desaguisado. Ponte ropa vieja y mentalízate de que limpiar el baño te llevará un buen rato. Recoge el pelo con *henna* en lo alto de la cabeza y retira los restos que tengas en la piel con un algodón humedecido (comprueba que las orejas queden bien limpias). Separa la frente del pelo con una tira de algodón para que la *henna* no te caiga a la cara y cubre la cabeza con un plástico de cocina. Envuelve a continuación la cabeza en una toalla o un pañuelo. Para acelerar el proceso, da calor a la cabeza con un secador o sentándote al sol. Cuando creas llegado el momento, retira la *henna* mediante varios lavados y aclárala bien. El resultado será un pelo en óptimas condiciones, voluminoso y brillante. No utilices la *henna* si tu pelo es rubio, cano, blanco o teñido, pues los resultados son impredecibles.

Otros tintes vegetales son los hechos con infusiones de camomila o caléndula para aclarar el cabello, o de salvia o nueces para teñir de castaño.

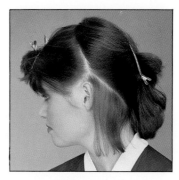

Dividir el pelo en dos partes de oreja a oreja y sujetarlo con pinzas.

Apartar diagonalmente con respecto a la raya un mechón de pelo.

Primero tiñe el centro del mechón. Después ve de las raíces hacia las puntas.

Cierra el papel. Sigue con los mismos pasos hasta la coronilla.

Haz lo mismo con el otro lado. Con la parte de atrás ve de abajo a arriba.

Divide la parte frontal en cinco partes. Sigue el mismo método.

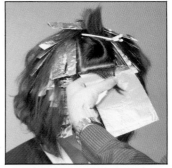

Continúa desde delante hacia atrás.

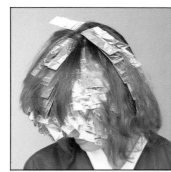

Termina con la parte superior actuando igual.

Reflejos

Las dos modelos, la de esta página y la de la siguiente, se han teñido y dado mechas siguiendo el método mostrado en la parte superior de la página siguiente. Como vemos, las mechas remarcan el movimiento del cabello. En el primer caso se ha optado por un rizo más suave que en el segundo.

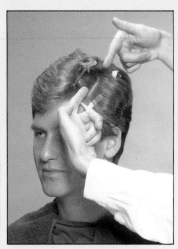

una tira de algodón sobre las raíces para proteger el pelo que no se ha teñido. A continuación se repite el proceso en el otro lado de la cabeza, trabajando primero la zona de la raya, después las secciones horizontales, para terminar con la parte superior de la cabeza.

El color se aplica con un peine de dientes gruesos para teñir. Se pasa por la primera sección, que es a 5 mm de la raya y paralela a ella. Se peina bien con el peine con color desde las raíces hasta las puntas. El resto de las secciones se van tomando de forma paralela a la primera, de la mitad de la cabeza hacia abajo. Una vez que el color ha sido aplicado, se coloca

1 Vamos a dar mayor volumen y color a un pelo castaño claro y fino mediante mechas suaves, siguiendo el método más sencillo.

2 Coge un mechón fino de pelo y después de retirar el papel de la hoja de papel de plata, colócala detrás con el lado opaco hacia abajo, lo más cerca posible de las raíces. Pega el pelo a la tira adhesiva, que lo sujetará.

3 Mezcla el tinte con agua oxigenada de 30 volúmenes y aplícalo al pelo justo desde la tira adhesiva azul. Coloca el borde de la hoja decolorante un poco por encima de la línea azul y cierra presionando los bordes.

4 Una vez que hayas terminado de aplicar las mechas, espera 35 minutos (podrás ver cómo va cogiendo el color gracias a la hoja decolorante superior). Después lávate la cabeza y aplícale un suavizante.

Permanente

Hoy en día lo que se pretende conseguir mediante una permanente no es un efecto de rigidez, sino suavidad, volumen y movimiento. Las permanentes son muy recomendables para los cabellos finos y lisos carentes de cuerpo. Si deseas un rizo muy apretado puedes conseguirlo sin necesidad de estropearte el cabello. También extiste otro tipo de permante que es ideal para el pelo muy rizado por naturaleza. Esta permanente confiere suavidad y regularidad al pelo rebelde y con tirabuzones.

En la actualidad, si una permanente se hace de forma adecuada, debería dejarte el pelo brillante y lustroso. En cualquier caso, el permanentado entraña un proceso químico que altera la estructura del pelo, así que se puede decir que las permanentes son potencialmente muy dañinas. Como son muy importantes el control del tiempo y la elección correcta de la solución, es preferible que vayas a la peluquería a hacerte una permanente en lugar de hacértela en casa. En cualquier caso, si decides hacerlo tú misma sigue al pie de la letra las instrucciones del fabricante.

El proceso de permanentado tiene dos etapas. Primero se aplica una loción química para reblandecer el pelo. Después se aclara bien y se aplica la segunda loción, que es un neutralizador que hace que el pelo tome la forma determinada por los bigudís. A continuación, un nuevo aclarado y la permanente está terminada.

Si tienes el pelo estropeado no te hagas una permanente. Si también te quieres teñir, deja un espacio de dos semanas entre una cosa y la otra. Tampoco deberías hacerte una permanente si tu cuero cabelludo se irrita con facilidad. Si te haces una permanente has de cuidar muy bien de tu pelo. Después de cada lavado aplícale suavizante. Evita cepillarlo para no deshacer los rizos. Si es posible, deja que se seque de forma natural. Utiliza peines de dientes gruesos.

Alisado

Se trata de un proceso drástico, muy diferente de la permanente, ya que altera la estructura capilar. El pelo se estira y aquí es donde radica el peligro, ya que las posibilidades de que el pelo se parta mientras está húmedo son muchas. El pelo de las personas de raza negra es especialmente frágil y poroso, por eso es recomendable que sólo se lo alisen en una peluquería. Según vaya saliendo el nuevo pelo rizado es recomendable hacerse una permanente.

Esta permanente de aspecto natural da cuerpo al cabello. Para conseguir un aspecto más informal, ponte gomina mientras lo secas con el secador.

Permanente hecha en una melena cortada a capas. Las capas facilitan el manejo y evitan la forma piramidal. Los rizos han sido cardados hacia afuera para consegir este aspecto tan mullido.

Nada mejor que una permanente suave para conseguir una imagen sofisticada. Las mechas enfatizan la curva del rizo.

Permanente en espiral. El corte piramidal realza la abundancia. El pelo se ha teñido de cobrizo.

Estilos

Melena por encima del hombro cortada a capas. Tras haberla sometido a una permanente floja se ha vuelto a cortar para darle una exuberancia natural. Los rizos se cofunden con el airoso lazo confiriendo así una imagen informal y glamorosa a la vez. Es un ejemplo de cómo un estilo desarreglado complementa muy bien una cara joven y coqueta.

Otro estilo desenfadado, en esta ocasión combinado con la elegancia de los pendientes de brillantes, un vestido escotado y un maquillaje sofisticado para estar muy seductora. El pelo que rodea la cara se ha peinado hacia adelante. La parte posterior, en cambio, queda con mucho cuerpo. Las mechas remarcan el movimiento del pelo. Es un estilo espectacular que requiere unos cuidados mínimos.

Versión de la mujer fatal a lo Elizabeth Taylor pero con el pelo un poco más largo y encrespado. Al corte plumoso se le ha añadido una permanente fuerte. Se ha aplicado espuma y se ha secado de forma despreocupada para conseguir un estilo tan libre como un soplo de viento.

Se ha logrado esta imagen tan natural cortando el pelo en forma de triángulo. Se ha teñido con la intención de realzar la caída y el movimiento del cabello. Para mantenerlo hay que usar espuma o gomina y un poco de laca.

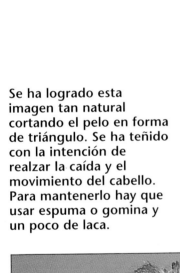

Pelo fino cortado hasta la mandíbula. Se le ha dado brillo y docilidad mediante la espuma. Se ha secado con los dedos para ganar volumen. Las mechas acentúan su suave movimiento.

Para obtener una imagen romántica, este pelo tan fino se ha sometido a una permanente floja, se ha secado con los dedos y fijado con gomina. Es un estilo fácil de cuidar y combina muy bien con el tinte rubio.

Estilo natural para este pelo tan fino. Tras haber sido aplicadas las mechas, se ha hidratado bien. Se ha secado con secador de mano para completar el efecto natural.

La misma modelo con una imagen distinta. El corte a la altura de la mandíbula da muchas posibildades. Se ha secado con secador de mano y se ha aplicado gomina para darle cuerpo y un toque informal a la vez que sofisticado, que durará todo el día.

Pelo un poco más largo. En la parte superior se ha aplicado gomina y se ha secado alborotadamente. Los rizos ligeros realzan el tinte dorado. La parte de abajo se ha alisado para alargar la cara.

Este cabello corto y fino se ha cepillado hacia arriba. Es un estilo simple y elegante. El maquillaje de la modelo refleja serenidad.

USO DE LA ESPUMA

1 Cuando te hayas lavado y suavizado el pelo, sécalo con una toalla y péinalo con un peine de dientes gruesos o con los dedos.

Para el pelo permanentado lo mejor son los dedos. Agita el bote de la espuma y pon un poco en la mano.

2 Reparte la espuma por todo el pelo, desde las puntas hasta las raíces, ahuecándolo.

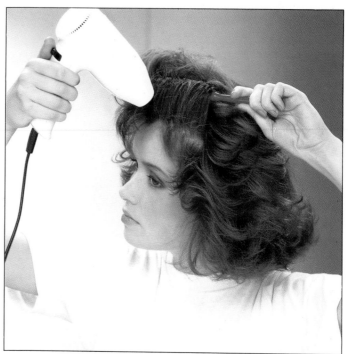

3 Ahora puedes secarte el pelo con el secador de mano. No lo acerques demasiado a la cabeza. Ve cogiendo mechones y levantándolos desde la raíz. Apunta a la raíz con el secador hacia arriba. Sigue haciendo lo mismo hasta que todo el pelo esté seco.

4 Otra posibilidad es secarlo con la ayuda de un cepillo. Empezando por la nuca, el pelo se va levantando desde la raíz y enrollando alrededor del cepillo. Primero dirige el secador hacia las raíces y luego hacia el resto del pelo. Sigue por los lados y termina con la coronilla.

El resultado final es una melena de rizos abiertos que permanecerá todo el día. La espuma te deja el pelo suave y brillante.

Corte para un cabello en óptimas condiciones. Sólo necesita un secado rápido y descuidado. Es ideal para las mujeres ocupadas o deportistas. Se adapta a los cabellos finos o normales (arriba).

Esta melena por la mandíbula ha de secarse con el secador de mano para dar el máximo volumen a la parte posterior (abajo).

Melena corta que cubre parte de la cara para hacerla más esbelta. La espuma mantiene el peinado. El flequillo se ha conseguido con rulos.

Dos estilos a partir del mismo corte. Durante el día uno informal y por la noche, gracias a un secado habilidoso, los desordenados rizos se esculpen para obtener una imagen sofisticada. Un pelo rizado y grueso con un corte inteligente resulta increíblemente versátil.

El liso y fino pelo de la modelo se ha moldeado con rulos. Los lados se han cepillado hacia arriba y se ha elaborado en el centro una sutil cresta. Los reflejos rosas confieren cierta frivolidad.

Este clásico corte «a lo garçon» constituye un estilo muy cómodo para las mujeres con pelo liso, abundante y radiante de salud. Precisa ser cortado con regularidad para que mantenga su forma geométrica. La persona que lo lleve siempre parecerá y se sentirá impecable.

La modelo tiene un pelo muy fino que le cae sobre la cara. Mediante el llamado corte de cisne, su imagen cambia radicalmente. El pelo se levanta y se retira de la cara dibujando graciosas curvas. Además, así gana volumen y movimiento. El pelo se sostiene gracias a la gomina y la laca.

Corte para melenas tupidas. El pelo se ha secado alborotadamente y se ha fijado con gomina. Después se ha revuelto sobre la frente, lo que produce un aspecto muy salvaje.

Abundancia de rizos creados mediante un secado descuidado y gomina. De esta forma se da cuerpo y se eleva un pelo tan fino como éste. Anteriormente se había aclarado y se le habían aplicado mechas para que tuviese más dulzura.

Corte «a lo garçon». El tupido flequillo y el pelo de los lados terminan de forma muy original. El pelo cubre la frente y las mejillas. La parte posterior remata en punta sobre la nuca.

Pelo corto que necesita pocos cuidados. Simplemente hay que peinarlo dándole forma y dejar que se seque al aire. El corte a capas sirve para dar volumen a la parte superior. Se ha cortado por detrás de las orejas pero se ha dejado un poco largo para que se rice airosamente.

Corte a tazón. El pelo de la parte superior emerge del centro de la cabeza y llega hasta las cejas en un espeso flequillo. A la altura de las orejas, el pelo se ha cepillado hacia atrás. Las puntas de la media melena se han rizado hacia adentro.

Larga melena despeinada. Simplemente hay que ahuecarla con los dedos según se va secando. La gomina le da más cuerpo.

Un corte muy peculiar. El pelo de la parte superior se ha dejado largo y se ha peinado hacia atrás, mientras que el de los lados se ha cortado. Todo ello puesto de relieve por las mechas rojas en el pelo negro.

Imagen sofisticada para una melena por los hombros, perfecta para una velada. El pelo de los lados se ha echado hacia atrás y el de arriba se ha elevado y se ha inclinado hacia un lado.

Corte muy sencillo para pelo fino. El de los lados queda muy cortito y al de la parte superior se le da volumen con la gomina.

Un pelo rizado se puede alisar mediante la aplicación de determinados aceites. La modelo lleva el pelo corto y peinado hacia atrás. Este peinado es perfecto para cualquier ocasión.

Estilo vanguardista. La larga y lisa melena se recoge en una coleta, mientras que el flequillo se carda hacia arriba. Todo ello con ayuda de la gomina.

Los lados se han cortado en triángulo para dar elegancia a las patillas. La parte anterior tiene volumen mientras que en la nuca se ha pegado a la cabeza para conseguir este perfil tan sutil. La imagen resultante es muy sencilla. El peinado se ha fijado con gomina.

Imagen sofisticada ideal para el cabello fino, pues le confiere volumen. El pelo se ha cepillado hacia arriba y hacia atrás sobre las orejas. El sutil flequillo suaviza el conjunto.

USO DE LA GOMINA

1 La gomina es un fijador mucho más fuerte que la espuma. Con ella puedes conseguir efectos espectaculares. Para empezar, pon un poco en la palma de la mano.

4 Aunque el resultado final tenga una apariencia tan erizada, el pelo está en perfectas condiciones, ni endurecido ni pegajoso. Si tu pelo es muy fino y lacio, la gomina te ayudará a jugar con él.

2 Junta las palmas de las manos para impregnarlas de gomina. A continuación, repártela de las raíces hasta las puntas por todo el pelo como si de champú se tratase. Si tienes el pelo largo, péinalo para que la gomina quede bien distribuida.

3 Para este peinado en concreto, levanta hacia arriba el pelo de los lados haciendo un arco sobre las orejas y sécalo con el secador siguiendo la dirección del peine. Para que la parte superior quede erizada, levanta el pelo con los dedos y seca de las raíces a las puntas.

El fino pelo de la modelo se ha cortado inteligentemente para acentuar sus rasgos. Es un estilo fresco y fácil de cuidar. Las mechas remarcan el movimiento del flequillo peinado hacia atrás. En la parte posterior tiene un pulcro corte hasta la nuca.

Otro dulce peinado ideal para el pelo liso. En este caso el pelo de los bordes tapa la cara de la modelo parcialmente. El cabello se ha cortado a capas desde la coronilla y se han aplicado mechas para conferir textura. Se trata de un peinado muy cómodo y veraniego.

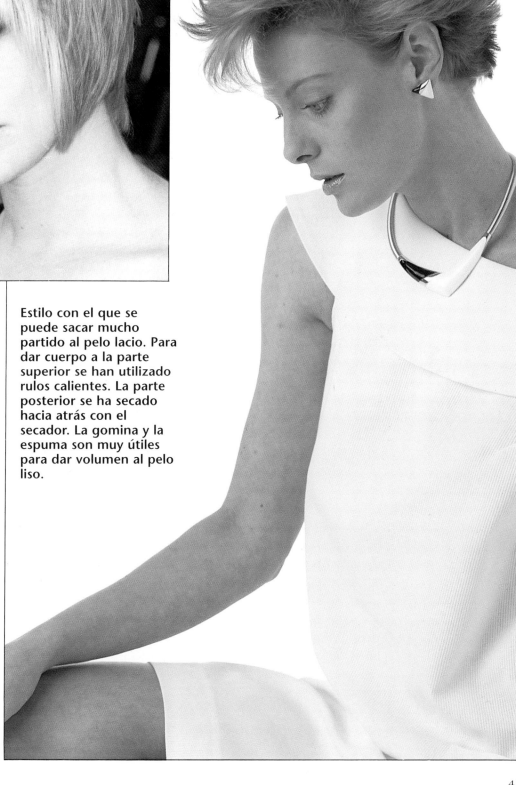

Estilo con el que se puede sacar mucho partido al pelo lacio. Para dar cuerpo a la parte superior se han utilizado rulos calientes. La parte posterior se ha secado hacia atrás con el secador. La gomina y la espuma son muy útiles para dar volumen al pelo liso.

El pelo fino gana mucho con un buen corte. Éste ha sido peinado hacia adelante para enmarcar la cara. La delicada curva bajo la mandíbula dirige la atención hacia la barbilla apuntada (arriba).

Corte a capas despeinado. El pelo ha sido cortado hasta la nuca para dar mayor altura a la coronilla, acentuando así la mandíbula y la barbilla de la modelo (abajo).

Peinado afro consistente en largas trenzas atadas con lazos y abalorios apto para cualquier ocasión (los adornos se pueden cambiar según el momento). La elaboración lleva mucho tiempo pero las trenzas, una vez hechas, se mantienen hasta el siguiente lavado (abajo).

Estilo seductor y elegante perfecto para un pelo en óptimas condiciones. La parte superior elevada y los lustrosos bucles del flequillo complementan perfectamente la delicada cara de la modelo y su barbilla apuntada (derecha).

Imagen radical (dos estilos en uno). En la parte superior se han dejado los minúsculos rizos naturales. La parte posterior se ha alisado y se ha cortado para crear esta melena formalista. Mediante lacas de colores se ha coseguido el efecto selvático (sobre estas líneas).

Corte clásico oriental. El riguroso flequillo destaca la belleza del liso y espeso pelo de la modelo. El efecto geométrico se acentúa con la raya en medio y la media melena por detrás de las orejas. Este corte realza la forma de la cara y los ojos rasgados (derecha).

Estilo oriental muy personal. Un mechón de pelo que nace de la coronilla se ha teñido de rojo mientras que otro, también de la coronilla, se ha cortado muy cortito. Así se produce la ilusión de un pelo largo sujetado por palillos chinos. El pelo se ha cortado sobre las orejas y hasta la nuca.

Media melena ondulada llena de *glamour* estilo años 40. Las ondas se han elaborado con rulos y loción fijadora tradicional. Estrellas de la pantalla como Lauren Bacall hicieron célebre este tipo de peinado (izquierda).

Peinado original y sofisticado elaborado a partir de un moño italiano simple y lleno de arte. Para dar forma de serpentina a los mechones que hay sobre la frente y tras la oreja se necesita un rulo, gomina y mucha paciencia. Se recomienda que los rizos que caen sobre la cara sean más cortos para que se mantengan más tiempo (abajo).

Para poder llevar este peinado hay que tener un pelo abundante y largo, además de grueso. El pelo se recoge en lo alto de la cabeza y se deja caer sobre los hombros por la parte de atrás (izquierda).

Corte perfecto para melenas por los hombros. Tras haber retirado los rulos grandes, el pelo se ha cepillado hacia atrás retirándolo de la cara. Es un peinado para ocasiones excepcionales, que requiere una atención especial (derecha).

Este peinado nos devuelve a los años 50, cuando los cabellos cardados rematados por colas de caballo estaban a la orden del día. Gracias a la gomina, hoy en día podemos hacernos este peinado sin arriesgar la salud del cabello (sobre estas líneas).

Clásico peinado hacia atrás para melenas espesas medianamente largas. El rizo natural de la modelo se ha domesticado con rulos calientes y sutiles mechas para acentuar el movimiento vaporoso del cabello.

Peinado ultrasofisticado para pelos largos y lisos, perfecto para una velada. Las mechas siguen el suave movimiento hacia arriba. La sutil caída del flequillo y los mechones que caen sobre las orejas y la nuca dan un toque de informalidad a un peinado que de otro modo sería excesivamente formal (derecha).

Melena espesa y completamente lisa con suaves mechas que le confieren un tono delicado y un aire elegante (izquierda).

Cabello espeso y medianamente largo peinado hacia arriba muy bien complementado por el flequillo de pilluelo y el gracioso moño. Los mechones que caen por la nuca vienen a producir el mismo efecto que el flequillo (página 48 arriba a la izquierda).

Corte asimétrico maestro. El largo de la melena permite una gran versatilidad –puede levantarla o peinarla hacia abajo, hacia atrás, lisa o con volumen—. El maquillaje de la modelo es sutil. Por la noche puede utilizar colores más vivos y mayor definición (página 48 abajo a la izquierda).

Estilo para cabellos espesos medianamente largos. El tupido flequillo dirige la atención a los ojos de la modelo. Puntas peinadas hacia afuera (bajo estas líneas).

Imagen sensacional conseguida mediante la aplicación de rulos a una melena larga. El pelo de la parte superior se ha peinado hacia arriba y se ha recogido en mitad de la cabeza, mientras que el de los lados se ha prendido en la coronilla. El pelo de la parte posterior se ha dejado suelto (junto a estas líneas).